à son cher confrère Boileau
hommage de l'auteur

LA VIE ET LES OEUVRES

DE

EDMOND DE JOLY

NOTICE

LUE AU CONGRÈS DES ARCHITECTES FRANÇAIS

DANS LA SÉANCE DU 23 JUIN 1893

PAR

M. LUCIEN ÉTIENNE

CENSEUR DE LA SOCIÉTÉ CENTRALE DES ARCHITECTES

PARIS

G. DELARUE, LIBRAIRE-ÉDITEUR

5, Rue des Grands-Augustins, 5

1893

EDMOND DE JOLY

Messieurs,

Dans toutes les Sociétés il est de pieux et constant usage d'honorer en séance publique la mémoire de ceux qui ont fini leur tâche et laissé derrière eux un lumineux sillon. La Société centrale des Architectes français n'avait garde de manquer à cette touchante tradition, et son Bureau m'a chargé de vous retracer l'existence toute de travail et d'honneur d'Edmond de Joly. J'aurais désiré que le choix de l'orateur fût autre ; le modèle méritait un meilleur peintre, et la tâche me paraît bien lourde ; mais j'ai besoin de vous avouer que je ne me suis pas senti le courage de repousser le grand honneur qui m'était fait. J'aimais profondément de Joly ; par les conseils que son affection ne m'a jamais refusés, il a tenu une grande place dans ma vie ; j'espère que le cœur remplacera le talent et m'aidera à faire revivre un instant devant vous cette personnalité si spéciale et si sympathique qui tenait une bien grande place dans la corporation qu'elle a honorée. Je compte aussi, pour me soutenir, sur votre grande indulgence et sur les souvenirs que vous avez gardés de celui que nous ne nous habituons pas à ne plus voir au milieu de nous.

Edmond de Joly naquit à Paris le 7 avril 1824, à cette époque de notre histoire qui n'est pas sans analogie avec celle que nous traversons en ce moment. Après de grandes victoires, après de tristes défaites, la France se reposait dans l'étude et retrouvait sa place dans le monde par la culture des sciences, des lettres, des arts et de l'industrie ; le Romantisme allait naître. La famille de notre confrère était venue se fixer dans la Capitale à l'époque de la Révolution, et son grand-père avait dû abandonner les fonctions de secrétaire du gouvernement du Languedoc qu'il occupait en 1789. Quelques mois auparavant, en 1788, était né à Montpellier Jules de Joly, le père d'Edmond, qui, le premier de sa famille, s'écarta des fonctions administratives et parlementaires et s'adonna à l'étude de l'architecture.

Jules de Joly fut, lui aussi, un architecte éminent, et ses conseils ainsi que ses exemples eurent une grande influence sur la carrière de son fils; il fut son véritable maître, tant au point de vue artistique qu'au point de vue professionnel. Élève de La Gardette et Delespine, il obtint en 1815 le prix départemental d'architecture, fit le voyage d'Italie et, à son retour, fut nommé architecte de plusieurs édifices publics, entre autres des ministères de l'Instruction publique et de l'Intérieur qu'il restaura et agrandit. Entre temps, il organisait les expositions industrielles du Louvre en 1823 et en 1827, et, à cette dernière date, il était appelé aux fonctions d'architecte de la Chambre des députés. Il venait alors s'installer au Palais-Bourbon, dans cet appartement que beaucoup d'entre vous connaissent, et qu'habita pendant soixante-cinq ans celui que la mort a enlevé il y a quelques mois à peine.

Pendant cette longue période, l'histoire du Palais-Bourbon, celle de ses transformations et des installations successives de la Chambre des députés et du Corps législatif, se confondent avec les existences de Jules et d'Edmond de Joly.

Le Palais-Bourbon date de 1722. A cette époque, Mme la duchesse douairière de Bourbon voulut faire bâtir un palais sur le bord de la Seine, en face du pont que l'on attendait de M. le prévôt des marchands. Elle fut séduite, paraît-il, par l'idée d'habiter un endroit écarté, voisin de la ville, et situé dans une position admirable; mais, malgré son désir d'isolement, elle n'en céda pas moins une partie de ses terrains à M. le comte de Lassey, afin qu'il pût faire élever un hôtel semblable au sien. Les travaux du Palais-Bourbon furent confiés à Girardini, architecte italien, et il fut prescrit à cet artiste d'adopter les dispositions des nouveaux palais de Rome et de Florence. De son côté le comte de Lassey fit commencer son hôtel en 1724; c'est celui qui est actuellement affecté à l'habitation du Président de la Chambre des députés. Il fut construit sur le même alignement que le Palais-Bourbon et sur les mêmes dessins, mais dans de moindres proportions.

Plus tard, le Palais-Bourbon devint la propriété du prince de Condé, petit-fils de la duchesse, qui, jugeant que cet édifice était loin de pouvoir suffire au déploiement de sa magnificence presque royale, et au logement des gentilshommes, aides de camp, écuyers et pages attachés à sa personne et à son service, fit édifier de nombreux agrandissements et réunit à son palais l'hôtel de Lassey. Ces travaux, dirigés par plusieurs architectes, dont fut Gabriel, s'achevèrent en 1777. Et cependant Chantilly n'en resta pas moins la demeure favorite des princes de Condé; c'était leur Versailles, et le Palais-Bourbon ne fut habité que peu de temps chaque année.

Mais vint bientôt cette grande tourmente qui tout transforma, renversa les trônes, et fit passer aux mains de l'État les biens des membres de la noblesse qui étaient allés chercher à l'étranger la sécurité que la France ne leur garantissait plus : le Palais-Bourbon devint propriété nationale en 1790 sous le nom de Maison de la Révolution. En 1795, les architectes Gisors et Lecomte furent chargés de transformer les grands salons de réception en une salle des séances pour le Conseil des Cinq cents, et à la même époque on éleva sur la cour, au centre de la façade, l'avant-corps qui s'y voit encore actuellement. Enfin, de 1804 à 1807, sur l'ordre de Napoléon Ier, l'architecte Poyet édifia du côté du quai la façade monumentale que je ne me sens pas le courage de signaler à votre étude, encore moins à votre admiration.

Cette salle du Conseil des Cinq cents servit successivement au Corps législatif institué par la Constitution de l'an VIII, à la Chambre des députés de 1814, à celle des représentants de 1815, puis à la Chambre des députés jusqu'en 1828. Construite entièrement en charpente et recouverte en stuc, elle était à cette époque dans un état de vétusté lamentable qui rendait sa reconstruction indispensable. Mais le Palais-Bourbon n'appartenait plus à l'État; rendu à M. le prince de Condé par ordonnance royale du 24 mai 1814, la Chambre des députés n'en était que locataire, et il fallut qu'une loi du 23 avril 1827 autorisât l'acquisition d'une partie du Palais-Bourbon pour y réédifier une salle, et installer dans de meilleures conditions les nombreux et multiples services de la Chambre. Ces importants travaux furent commencés en 1828 et terminés en 1832, sur les plans et sous la direction de Jules de Joly qui sut se tirer à son honneur de cette tâche difficile. Par son éducation le père de notre confrère se rattachait à la vieille école française, et, par ses études, il était profondément imbu des grands exemples de l'antiquité. Il sut résoudre le difficile problème de réunir à la façade de Poyet les parties conservées de l'ancien palais des Condé, édifiées par Marie-Joseph Peyre et par Gabriel.

C'est au milieu de cette transformation, dans ce grand chantier, si j'ose dire, que se passa la première enfance d'Edmond de Joly. Il grandit au milieu des travaux du Palais-Bourbon et, tout jeune, se sentit attiré vers cette carrière que son père parcourait si brillamment. Je n'en suis pas étonné pour ma part, et les exemples sont fréquents de fils choisissant notre belle profession dont ils ont appris de bonne heure à connaître les charmes captivants aussi bien que les dangers et les responsabilités qui font notre force et sont notre honneur. Après de fortes études littéraires, dont nous retrouverons plus tard à chaque instant la trace, Edmond de Joly entra à l'École des beaux-arts en décembre 1844, et fut élève de cet atelier Lebas qui pendant plus de trente ans forma tant d'artistes distingués. Mais l'École ne l'absorba jamais tout entier, et bientôt l'occasion se présenta pour lui de joindre les études pratiques à celles de la théorie. L'État venait d'acquérir du duc d'Aumale la partie du Palais-Bourbon qui était restée la propriété de l'héritier des Condé, et la Chambre avait chargé son architecte de compléter l'installation des services du côté de l'hôtel de Lassey, tout en appropriant cet hôtel même à l'habitation de son président et aux bureaux du secrétariat.

Le 13 mai 1845, notre confrère recevait ses premiers galons

et débutait comme sous-inspecteur dans ces fonctions administratives qu'il devait à son tour parcourir si brillamment, lui aussi. Sous les ordres de son père, il suivait et surveillait les nouveaux travaux qui ont fait notamment de l'hôtel de Lassey la remarquable demeure qu'elle est encore actuellement, et auxquels collaborèrent aussi MM. Ruprich-Robert et Lefuel qui en furent successivement les inspecteurs. L'hôtel de Lassey avait été construit avec un grand luxe en 1724 par l'architecte italien Girardini, sous la haute direction du propriétaire lui-même, qui avait des connaissances sur toutes choses; mais, abandonné depuis la Révolution, il était, en 1845, dans un état de délabrement complet qui obligea Jules de Joly à démolir tout l'intérieur de l'ancienne construction et à ne conserver que les façades dont la restauration était encore possible. De 1846 à 1848 il exécuta toute la distribution de l'hôtel et la décoration, dans le style de la Régence, des salons du rez-de-chaussée et de l'escalier d'honneur.

Nous sommes maintenant en 1848, en pleine tourmente révolutionnaire. Je suis obligé de m'y arrêter, Messieurs, car l'existence de celui dont vous m'avez chargé de vous retracer les œuvres fut constamment liée au fonctionnement et aux bouleversements de la représentation nationale, laquelle a toujours reçu la première les contrecoups de la fièvre populaire, si même elle ne la déchaînait pas. La Chambre des députés, quel que fût son nom, n'a cessé, depuis plus d'un siècle, d'être le cœur recevant les pulsations, ou quelquefois les envoyant, et nous retrouverons toujours notre confrère au milieu des événements les plus graves qui aient agité notre patrie. Vous aurez à m'excuser si je suis obligé de toucher à l'histoire contemporaine plus que je ne le souhaiterais.

La Révolution de 1848 survint donc, amenant avec elle une Assemblée constituante de 900 membres. C'était beaucoup; mais la nouvelle Constitution avait besoin, paraît-il, pour faire œuvre parfaite, d'un aussi grand nombre de légiférants, et l'architecte dut s'occuper, sans perdre un instant, de permettre de siéger à ces élus que l'ancienne salle, récemment achevée, était insuffisante pour recevoir. Il fallut construire à la hâte dans la cour d'honneur du palais une salle provisoire reliée aux anciennes dépendances de la Chambre, et Edmond de Joly qui, depuis le 1er janvier 1848, avait été définitivement attaché à la Chambre des députés avec le titre d'inspecteur des bâtiments, fit dans cette circonstance l'apprentissage de ces travaux fiévreux qui plus tard, en 1871 et en 1875, tinrent tant de place dans sa vie. Mais, hélas! il dut faire à cette salle provisoire, *la salle de carton,* comme on l'appelait alors, le sacrifice du couronnement de ses études artistiques. Il avait bien pu ne pas quitter les cours de l'École des beaux-arts tout en suivant les travaux longuement étudiés et sagement exécutés de l'hôtel de la Présidence, mais il dut renoncer à la contemplation calme et paisible des beautés de notre art lorsque, auxiliaire de son père, il fut pris, lui aussi, de cette fièvre qui entraînait hommes et choses. Élève de première classe en 1847, il lui fallut, en 1848, abandonner définitivement les concours de l'École des beaux-arts.

Les événements de 1848 et des années qui suivirent se déroulèrent sous les yeux attentifs de de Joly, qui commença dès cette époque à faire cette provision de réflexions et de souvenirs, dont beaucoup étaient d'un puissant intérêt, et que, dans l'intimité, nous aimions tant lui entendre conter.

Puis vint l'Empire, et, s'il m'est permis d'appliquer et de détourner un mot célèbre, tout au moins pour les architectes du Palais-Bourbon l'Empire fut la paix. Notre confrère profita de cette accalmie pour s'adonner librement à l'exercice de notre si complexe profession, et compléta par un long voyage en Italie l'éducation artistique que les événements avaient interrompue. Il prit peu à peu la suite des affaires de son père, et, en 1860, quand ce dernier jugea le moment venu de se reposer et demanda sa retraite, il fut nommé architecte du Corps législatif. C'est peu de temps après que M. de Morny lui fit compléter l'hôtel de la Présidence en le réunissant au Palais-Bourbon, et qu'il construisit cette belle galerie Louis XV dans laquelle les présidents qui se sont succédé depuis lors ont pu donner des fêtes si remarquées.

C'est à cette époque de la vie d'Edmond de Joly, c'est pendant le calme intérieur du gouvernement impérial que se place le point culminant de sa carrière comme clientèle particulière. Fort apprécié de tous ceux avec qui ses fonctions officielles lui créaient des rapports journaliers, il put mettre à la disposition de ceux qui firent appel à ses services le charme des relations en même temps que l'habileté et la souplesse de talent qui distinguèrent toujours ses mérites. C'est ainsi que M. de Morny lui confia d'importants travaux particuliers, notamment la construction de ses haras de Viroflay, et qu'en 1863 un des questeurs de la Chambre, maire de Chauny, le chargea d'exécuter pour le compte de cette ville un ensemble d'importants travaux comprenant un hospice, un théâtre, un hôtel de ville, et le clocher de l'église Notre-Dame. Vers la même époque, il construisait les nouveaux bâtiments du collège de Vaugirard, et il élevait au Landin une fort intéressante église et un presbytère. A Paris également, son activité et son talent trouvaient des aliments, et par la construction de plusieurs hôtels et maisons à loyer, il participait au grand mouvement qui transformait et renouvelait alors la capitale. La guerre de 1870 le trouva en possession d'une clientèle assurée et d'une sérieuse notoriété ; il avait été fait chevalier de la Légion d'honneur le 30 août 1865 ; les événements qui suivirent la chute de l'Empire changèrent complètement l'orientation de sa carrière.

Retenu à Paris pendant le siège, tant par ses devoirs de citoyen qui l'obligeaient à rester à son poste, et il n'avait garde d'y manquer, que par l'exécution d'importants travaux relatifs au chauffage et à la ventilation du palais, il fut, pendant cette dure épreuve, séparé de ceux qu'il aimait et ne put les rejoindre qu'après la signature de l'armistice (28 janvier 1871), au moment même où la réunion prochaine de l'Assemblée nationale l'appelait à Bordeaux. L'ennemi vainqueur occupait le tiers de notre malheureux pays, et le gouvernement de la France, ne voulant pas commencer les premiers pansements de nos plaies sous l'œil et sous la protection de ceux qui nous avaient meurtris, résolut d'envoyer à Bordeaux une délégation et d'y installer la représentation nationale.

Le Grand-Théâtre, ce chef-d'œuvre incontesté de Louis, fut mis à la disposition de de Joly, et, au jour voulu, les membres de l'Assemblée purent s'y réunir. Mais ce séjour loin de Paris ne fut pas de longue durée, et c'est à partir de ce moment que le rôle de notre confrère devient particulièrement actif et important; son existence professionnelle allait se trouver constamment mêlée à la vie publique et à la direction même des affaires politiques du pays. Combien tous ces faits, ces graves événements, lui avaient créé d'intéressants souvenirs ! et que de fois, aux récits qu'il nous faisait avec ce charme de parole que vous lui connaissiez, n'avons-nous pas regretté qu'il se refusât à consigner la relation de ce qu'il avait vu, entendu et fait ! Il craignait, disait-il, les défaillances de sa mémoire. Mauvais prétexte qui cachait une trop grande modestie, et peut-être la crainte d'attirer la polémique sur des événements qui ne seront bien jugés qu'avec une plus grande reculée.

Et cependant, sans qu'il en eût rien dit, il n'avait pas abandonné l'idée de ne pas laisser perdre ses souvenirs; quelques notes inachevées ont été trouvées, et, parmi elles, un chapitre qu'il écrivait le 6 juillet dernier, six semaines avant sa mort qu'il n'avait aucune raison de croire si proche, et qui donne le récit complet de la translation de l'Assemblée de Bordeaux à Versailles. Je ne résiste pas au désir de vous le donner en entier et tel qu'il est sorti de la plume si colorée de celui qui a vécu les pages qu'il écrit; il est d'un haut intérêt historique :

« Pendant qu'on discutait les préliminaires de la paix, il était déjà question de la nécessité de rapprocher l'Assemblée de la capitale; on parlait de translation à Fontainebleau. J'étais fréquemment interrogé, au foyer du théâtre, à ce sujet. Je n'avais qu'à affirmer mon ignorance absolue.

« Cependant, sur la persistance de ces bruits, j'avais écrit pour qu'on m'envoyât une monographie du palais de Fontainebleau.

« Le vendredi 3 mars, vers deux heures, je rencontrai sur le Cours M. Lambrecht, alors ministre du commerce, qui, venant à moi, me dit :

« — Avez-vous vu M. Thiers ? Vous a-t-il parlé de la translation de l'Assemblée à Fontainebleau ?

« — Non, lui répondis-je, mais je pourrais lui répondre s'il m'interrogeait.

« — Allez le trouver, me répliqua-t-il.

« Je m'en défendis, ne voulant pas le faire sans être appelé.

« — Tenez, me dit le ministre en écrivant à la hâte un mot sur une carte à la table d'un café, rendez-vous de suite à son hôtel, car il va être trois heures et il va faire sa sieste habituelle.

« Je n'avais qu'à obéir. Je montai, non sans une certaine émotion, l'escalier droit qui menait au premier étage de l'hôtel ; un huissier reçut ma carte, et, presque aussitôt, on m'introduisit dans une chambre où se trouvaient M. et Mme Thiers.

« M. Thiers avait encore entre les mains la carte de M. Lambrecht.

« — Lambrecht m'écrit que vous pouvez me dire comment nous installerons l'Assemblée ; parlez.

« — Cette installation me paraît matériellement impossible.

« A l'accent, je vis combien le mot sonnait mal à son oreille.

« — Mais, Monsieur le président, il n'y a pas à Fontainebleau une salle assez vaste pour contenir une assemblée de 750 membres.

« — Comment ! la galerie de Henri II ?

« — Mais elle n'a que 29 mètres de longueur.

« — La galerie de Diane ?

« — Si elle a la longueur, elle n'a que 7 mètres de largeur.

« Son impatience était visible. Abandonnant ce sujet :

« — Comment logerez-vous tous les députés au château?

« Et Mme Thiers, se mêlant à la conversation, rappelait les vastes dépendances du château, comment elle l'avait bien souvent visité quand la cour y venait pendant que M. Thiers était ministre.

« Je lui répondis que sur cette question, qui n'était pas la principale, je ne pouvais répondre avec la même précision. Coupant court à la conversation :

« — Apportez-moi demain, à cinq heures du matin, — à cette heure la nuit de cet intrépide travailleur était terminée, — un projet pour cette installation, puisque vous avez les éléments nécessaires.

« — Mais....

« — C'est bien! A demain matin!

« Je rentrai chez moi, quai des Chartrons, fort embarrassé de l'étude d'une question qui n'avait pas de solution possible, car les renseignements que j'avais donnés étaient d'une entière exactitude. Combien j'étais heureux de la prévoyance que j'avais eue de me faire adresser la monographie de Fontainebleau!

« J'eus beau revoir tous les plans du château, ceux de la galerie de Henri II et de la galerie de Diane, de la chapelle et de la salle de spectacle, le problème était insoluble; mes croquis n'y pouvaient rien changer. Inutile de dire que je ne dormis pas de cette nuit; ce devait être la première de beaucoup passées ainsi. A cinq heures j'étais à l'hôtel, suivi des porteurs de mes deux in-folio.

« M. Thiers m'attendait; dès qu'il me vit entrer :

« — Eh bien, sommes-nous d'accord?

« — Hélas! non!

« Je brûlais mes vaisseaux.

« — Mais je le veux!...

« Et l'accent était impérieux.

« Je cherchai à motiver mon assertion, j'ouvris mes volumes; son regard qui suivait sa pensée ne s'y fixait pas; il s'étonnait de la résistance ; il prenait mes croquis un à un et les froissait.

« — Je vous le répète, il le faut ; nous irons galerie de Henri II ou galerie de Diane....

« — Mais, Monsieur le président, on n'y tiendrait pas, on n'y entendrait pas !

« — Qu'importe !...

« Sa main tenait froissée la feuille où était le plan de la galerie de Henri II ; d'un mouvement brusque, il la déchira sans avoir l'air de s'en apercevoir.

« — Vous bâtirez une salle provisoire : on l'a bien fait en 1848 !

« — Mais, Monsieur le président, les troupes de Frédéric-Charles occupent Fontainebleau ; tout le monde est sous les armes, je n'aurai aucun ouvrier.

« Cet argument parut porter.

« — Ah ! s'il s'agissait de Versailles !

« — Versailles ! Fontainebleau ! que vous importe !

« — Mais, Monsieur le président, le palais de Versailles offre de grandes salles, son théâtre, sa chapelle, etc.

« Un *Ah !* accentué fut alors la seule réponse à cette ouverture ; puis :

« — Je réfléchirai ; c'est bien, laissez-moi ; de tout ceci pas un mot à qui que ce soit ; restez à ma disposition, je vous reverrai à l'Assemblée.

« Cette conversation, dont je ne puis transcrire que les points principaux, avait duré une heure. Il était six heures du matin.

« Je quittai ce terrible interlocuteur très fatigué, mais, je dois le dire, avec la conscience d'être resté sur mon terrain et d'avoir été maître de moi. Comme je descendais l'escalier de l'hôtel, je me trouvai face à face avec M. Ernest Picard qui arrivait de Paris. Étonné de me voir à cette heure matinale dans cette demeure :

« — Que faites-vous ici? me dit M. le ministre de l'intérieur.

« — Je viens de chez M. Thiers.

« — Que veut-il donc?

« Je n'avais pas le temps de réfléchir; ce qui n'était pas un secret pour M. Lambrecht ne pouvait en être un pour M. Picard; je lui répondis donc :

« — M. Thiers veut aller à Fontainebleau.

« — Que lui avez-vous répondu?

« — Que c'était impossible.

« — Et vous avez bien fait; c'est absurde!

« Il raisonnait au point de vue politique, et moi simplement au point de vue de l'architecte.

« Je me trouvai dans la rue, réfléchissant à ce qu'il y avait de délicat pour moi, subordonné du président de l'Assemblée nationale et des questeurs, à suivre l'étude d'une pareille question sans leur en référer, ou tout au moins sans les aviser. Malgré le silence que M. Thiers venait de m'imposer, je pris le parti de me rendre chez M. Grévy, sur la discrétion duquel je croyais pouvoir compter plus que sur celle des trois questeurs, et qui, je l'espérais, me couvrirait le cas échéant.

« Arrivé chez lui, on me répondit qu'il sortait du bain, qu'il allait cependant me recevoir. Je l'abordai en lui répétant les dernières paroles de M. Thiers et en lui demandant le secret sur ce que j'allais lui dire.

« — Vous savez, me dit-il en souriant, je ne suis pas bavard; un Jurassien ne l'est pas; comptez sur moi.

« Je lui rapportai exactement ce qui venait de se passer.

« — J'apprécie ce que vous avez dit, me répondit le Président; comptez sur mon silence.

« La séance de l'Assemblée nationale, où je devais retrouver M. Thiers, n'ouvrait qu'à deux heures; j'avais bien le droit de prendre un peu de repos. Je rentrai chez moi, et à l'heure dite j'étais au théâtre de Bordeaux.

« M. Thiers passa plusieurs fois devant moi sans avoir l'air de me remarquer. Ce jour-là, la séance fut levée vers quatre heures; les salles du théâtre se vidaient peu à peu; j'étais assis au foyer quand M. Barthélemy Saint-Hilaire vint à moi, me disant :

« — Je vous cherche partout; venez, le président vous attend.

« Nous allâmes — nous courûmes plutôt — jusqu'à l'hôtel. M. Thiers, adossé à la cheminée suivant son attitude ordinaire, était entouré de ses ministres; à sa droite, affaissé dans un fauteuil, M. de Larcy, ministre de la justice, qu'il appelait avec finesse son loyal et royal ami; à sa gauche, M. Ernest Picard avec sa physionomie souriante; puis M. Pouyer-Quertier avec sa tête puissante et énergique, pour qui M. de Bismarck se sentait pris d'une secrète sympathie le verre de bière en main, le fin et distingué M. Lambrecht, etc.

« Dès que j'entrai, M. Thiers, de sa voix aigrelette :

« — Monsieur de Joly, puisque vous voulez aller à Versailles, allez-y.

« — Mais, Monsieur le président, je n'ai pas à vouloir, je n'ai qu'à obéir.

« — C'est décidé, partez.

« — Monsieur le président, vos instructions?

« — M. le ministre de l'intérieur part avec vous; vous aurez le temps de causer en route.

« — Quand?

« — Tout de suite; il est cinq heures, vous partez à six heures.... Vous hésitez?

« — Du tout, Monsieur le président; je suis à vos ordres.

« — Allez faire vos préparatifs.

« Cette brève audience était finie; je saluai et me retirai.

« Je cours chez moi, j'embrasse mes enfants; ma femme me conduit au chemin de fer, où je retrouve M. Picard repartant pour Paris, d'où il était arrivé le matin même. Le train s'ébranla. Il était hors la gare quand il s'arrêta et, nous penchant à la fenêtre du wagon, nous vîmes M. Aude, un des secrétaires de M. Thiers, venant à nous, qui me dit :

« — Le président vous recommande bien d'aller aussi à Fontainebleau....

« Je regardai M. Picard, qui se mit à sourire, et le train repartit.

« Pendant le trajet nous reconnûmes, M. Picard et moi, que cette visite à Fontainebleau n'aurait aucune utilité, qu'elle me prendrait un temps précieux alors qu'il fallait aller au plus court; puis, précisant sa parole du matin :

« — Si nous allons à Fontainebleau, nous ne rentrerons jamais à Paris.

« Cette parole si sagace me revint souvent à l'esprit pendant les tristes jours de la Commune.

« Quant à l'installation à Versailles, il fallait pour cela obtenir l'assentiment de M. de Bismarck. L'empereur Guillaume, on le sait, occupait encore la préfecture de Versailles; pour ce qui était des conditions elles-mêmes de l'installation, le Conseil s'en rapportait à moi. M. Picard décida que, dès notre arrivée à Paris, nous nous rendrions chez le ministre des affaires étrangères, M. Jules Favre, pour reprendre ce grave sujet.

« Le lendemain, à dix heures, nous étions à Paris, et à onze heures chez M. Jules Favre. Le temps était superbe; le ministre était dans son jardin, son ombrelle sur la tête, quand nous arrivâmes. Quand M. Picard lui eut expliqué le sujet de notre visite, il parut fort étonné.

« — Mais, M. de Bismarck le permettra-t-il?... Allez le lui demander, ajouta-t-il en se tournant vers moi.

« Ma physionomie exprima le plus vif étonnement.

« — Je ne veux pas, dit le ministre, entamer une négociation directe pour échouer....

« J'insistai sur ma parfaite incompétence en matière diplomatique, sur ce qu'un des directeurs du ministère ou un diplomate de profession aurait bien plus d'autorité que moi. Je trouvai le ministre inébranlable; à ma grande surprise, M. Picard ne me soutenait pas.

« — Vous n'avez pas d'uniforme militaire; c'est un inconvénient pour vous rendre dans cet antre; je vais demander à Vinoy de vous faire accompagner par un des officiers de son état-major; il faut, d'ailleurs, qu'il vous donne des chevaux pour vous rendre à Versailles.

« On arrêta que ma mission porterait sur quatre points : 1° l'évacuation de Versailles par les troupes prussiennes; 2° l'évacuation de la route de Paris à Versailles par Sèvres (on croyait que les députés habiteraient Paris et on ne voulait pas qu'ils rencontrassent de casques prussiens sur leur passage); 3° l'évacuation du château de Versailles par les ambulances prussiennes; 4° enfin, la possibilité pour moi de faire venir de suite ouvriers et matériaux de Paris pour l'installation de l'Assemblée.

« — Revenez à midi et demi, me dit M. Jules Favre; tout sera prêt pour votre départ.

« A midi et demi, un coupé attelé de deux chevaux était dans la cour du ministère et un officier d'ordonnance du général Vinoy, le capitaine L..., m'attendait dans le cabinet du ministre. Celui-ci me remit une lettre au sceau du ministère : c'était ma commission près du prince de Bismarck. Il n'y avait pas une minute à perdre : je pris congé du ministre, et les chevaux nous emportèrent au galop.

« Je n'étais pas troublé, j'agissais comme un somnambule. Je dis cependant à mon compagnon de route combien je sentais la responsabilité qui pesait sur moi, et je le priai de vouloir bien retenir ce que je dirais et ce qui me serait répondu, pour me servir de témoin. J'étais bien convaincu que tout insuccès retomberait sur moi, mais les vives émotions que j'avais ressenties depuis six mois me laissaient relativement calme devant les conséquences d'un échec possible.

« En moins d'une heure, nous étions à la porte de l'hôtel que M. de Bismarck occupait à Versailles, rue de Provence. Bien que nous nous présentâmes au nom de M. le ministre des affaires étrangères, on nous répondit d'abord que le prince n'était pas visible. Sur notre insistance, nous fûmes introduits près du comte de Hatzfeld qui nous fit d'abord la même réponse.

« Je pris le parti de dire au comte quel était le but de notre visite. Sa physionomie manifesta le plus vif étonnement; il sortit et, rentrant presque aussitôt, nous dit que le prince allait nous recevoir. Le prince entra, en effet, bientôt. Il est inutile de décrire cette figure inoubliable.

« Il me fit asseoir, et je lui remis la lettre du ministre des affaires étrangères, qu'il lut avec la plus grande attention.

« — Vous êtes M. de Joly?
« — Oui, Prince.
« — Vous parlez allemand ?
« — Non, Prince.
« — Ah ! Vous voulez venir à Versailles! Parlez.

« Je lui exposai l'objet de ma mission près de lui, les intentions du chef du pouvoir exécutif, les quatre points principaux de ma négociation. Il me fit répéter les parties importantes de mon exposé et, particulièrement, que j'arrivais de Bordeaux, que je quittais M. Thiers. Il parlait lentement, avec un fort accent; ses phrases étaient marquées de germanismes, mais elles étaient claires et brèves.

« — Sa Majesté va quitter Versailles, me dit-il, les troupes allemandes peuvent se replier; c'est là le *très possible*. Mais précisons.

« Il mit la main sur un timbre et donna l'ordre d'apporter une carte de la région, qu'il déploya lentement; puis, posant sa large main sur un point :

« — Là est notre parc d'artillerie ; il ne quittera pas maintenant.
« — Prince, ce n'est pas sur la route de Paris; je ne crois pas avoir à rien demander sur ce point.
« — Bien.

« Le prince m'interrogea alors sur ce que je comptais faire dans le château. Je lui répondis que je ne pourrais être fixé sur ce que j'aurais à proposer au ministre qu'après la visite que j'allais faire, mais que cependant la salle de spectacle pourrait peut-être être affectée aux séances de l'Assemblée, et que, vu l'urgence, je demandais que l'aile du château où elle se trouve placée fût mise de suite à ma disposition. Sur la question des ambulances, le prince me répondit qu'elle concernait spécialement le général Fabrice et que je devais le voir.

« — Puis-je, prince, me présenter aux autorités de votre part ?

« — Oui ; faites ce qui est nécessaire au Palais de Versailles, entendez-vous avec les autorités militaires, et pas de soldats français.

« — Votre Excellence me donnera-t-elle une note établissant l'accord qui vient de se faire entre elle et moi ?

« — Je télégraphierai.

« Il nous fit comprendre, en se levant, que notre audience était terminée. Je saluai profondément et sortis, fort heureux d'avoir réussi dans ma mission.

« Je me rendis chez le général Fabrice qui demeurait avenue de Saint-Cloud. Mon entretien avec lui fut facile. Il me fit d'abord redire les intentions du gouvernement français, répéter que la Chambre y donnait son assentiment, et, sous la réserve qu'il verrait le prince de Bismarck, il me promit qu'il ferait évacuer les ambulances établies dans le château, à l'exception des malades qui occupaient les salles de marine. Ces salles se trouvaient alors dans la partie de l'aile sud du palais, où j'ai installé depuis les appartements du Président de la Chambre des députés.

« Le temps pressait ; je voulais encore visiter certaines parties du palais, la salle de spectacle, la chapelle. M. Picard m'avait manifesté une préférence pour l'installation dans la chapelle ; elle était motivée par les inconvénients dont souffrait l'Assemblée nationale dans une salle qui n'était éclairée que par la lumière du gaz. J'avais objecté que la chapelle était bien étroite et que les bas-côtés étaient masqués par les piliers de la nef ; enfin, connaissant les idées d'une partie notable de l'Assemblée, je craignais qu'elle ne regrettât de voir la chapelle de Versailles détournée de son usage religieux.

« Je fis un examen rapide de la chapelle, et plus attentif de la salle de spectacle et de son comble. Mon compagnon de voyage me fit alors observer qu'à six heures le pont de bateaux qu'il fallait franchir à Sèvres (on avait fait sauter pendant la guerre une partie du pont de pierre) serait fermé. Il était cinq heures et demie ; nous nous hâtâmes de toute la vitesse de nos chevaux, et à six heures et demie nous descendions au ministère des Affaires Étrangères. Je rendis compte au ministre de tout ce qui venait de se passer ; j'espérais des félicitations, mais M. Jules Favre me demanda où était la preuve de l'assentiment de M. de Bismarck aux demandes que je lui avais faites. Je lui dis la promesse de M. de Bismarck de lui télégraphier.

« — Je n'ai rien reçu ; vous avez été joué, me dit-il durement.

« Je protestai que je ne le croyais pas, que c'était peut-être naïveté de ma part, que je n'étais pas un diplomate, mais que j'étais convaincu de la sincérité du chancelier....

« — Soit, me dit-il ; venez ce soir.

« J'allai dîner, ou plutôt j'essayai de dîner, car les paroles du ministre m'avaient vivement impressionné.

« A huit heures, je revins au ministère.

« — Toujours pas de dépêche, me dit sardoniquement le ministre quand il m'aperçut.

« Je n'avais qu'à répéter mes protestations, un peu moins fermes, je l'avoue.

« — Attendons encore, me dit M. Jules Favre, qui vit ma figure démontée et eut, je crois, un peu pitié de moi.

« Il rentra dans son cabinet, me laissant dans un salon où je passai une demi-heure qui compte dans ma vie.

« Au bout de ce temps le ministre rentra, la figure aimable cette fois.

« — J'ai la dépêche du prince, je vous remercie ; je télégraphie à M. Thiers ; allez vous reposer. Partez demain pour

Versailles ; faites le nécessaire et rapidement. Tenez-moi au courant de tout. Voyez Picard.

« Je redescendis les étages du ministre, l'esprit plus tranquille que je ne les avais montés.

« La nouvelle de la translation de l'Assemblée nationale se répandit vite dans les cercles militaires à Versailles. Elle y excita la plus grande curiosité. On en voit la preuve dans le journal de Frédéric-Guillaume, depuis empereur d'Allemagne, qui la mentionne, ainsi que celle de mon arrivée à Versailles. »

N'avais-je pas raison, Messieurs, de vous dire que ce chapitre avait un puissant intérêt historique? Il nous fait regretter que de Joly n'ait pas commencé plus tôt à écrire ce que je puis appeler ses mémoires ; sa mort nous a privés de bien des pages qu'il eût tracées avec le rare talent dont il vient de nous donner la preuve. Mais ne trouvez-vous pas qu'un autre sentiment se dégage aussi de l'attachante lecture que je viens de vous faire? A côté de l'émotion que vos cœurs de Français ont éprouvée au récit de cette page inconnue de notre triste histoire contemporaine, ne vous êtes-vous pas sentis pleins de fierté en songeant qu'à un jour donné, au moment où ceux qui tenaient le gouvernail de notre pauvre navire en détresse hésitaient sur les coups de barre à donner, un architecte, un de nos confrères, s'était trouvé qui avait fait entendre la voix de la raison, et, diplomate improvisé, su servir son pays et obtenir du chancelier de fer ce qu'un ministre ne voulait ou n'osait pas demander? « L'architecte doit avoir des clartés de tout, » répétait souvent de Joly ; dans ces circonstances exceptionnelles, il a donné la preuve qu'il savait mettre ses actes en accord avec ses principes.

L'ère des périls une fois passée, celle des difficultés commence pour l'architecte. Dès le lendemain de son entrevue avec le prince de Bismarck, notre confrère retourne à Versailles et, avant même que l'évacuation du château par les troupes prussiennes ne soit achevée, il se met à l'œuvre avec le concours d'une élite d'entrepreneurs qui ont à cœur de seconder celui qui les dirige. Il obtient du général français Vinoy et du général allemand Fabrice l'autorisation d'utiliser des prolonges d'artillerie pour les transports de matériel, ferme la salle de l'opéra du château par une toile de fond, fait enlever la peinture décorative sur châssis qui ornait le plafond et la remplace par une lanterne vitrée avec plafond lumineux, tout en respectant l'œuvre de Gabriel, et, quinze jours après son départ de Bordeaux, le 18 mars 1871, tout était prêt pour recevoir l'Assemblée nationale, que M. Thiers, avec une véritable ferveur de néophyte, venait de convaincre des avantages du séjour de Versailles.

Le même jour, la guerre civile commençait : le Gouvernement, les ministres, les grandes administrations, les députés, se repliaient sur Versailles, et tous venaient trouver l'architecte de l'Assemblée nationale, devenu par excellence l'architecte du Gouvernement, en lui disant : « Monsieur de Joly, logez-nous. » Il y eut là bien des incidents, bien des scènes, soit presque tragiques, soit comiques ou quelque peu burlesques, et si, comme je vous l'ait dit, la mort lui avait laissé le temps de poursuivre ses souvenirs, notre confrère nous les eût racontés avec ce talent et cette verve que vous avez pu apprécier tout à l'heure. Il nous eût, par exemple, dépeint la Galerie des Glaces transformée en dortoir parlementaire, et montré un grand ministre, un de ceux dont le nom ne restera pas oublié avec les nombreux que les événements ont munis d'un portefeuille depuis 1870, venant le réveiller au milieu de la nuit et lui demander l'aumône d'un matelas. Peu à peu chacun trouva sa place, et beaucoup n'oublièrent pas les services personnels qu'avait été heureux de leur rendre notre confrère; sa situation s'en accrut vis-à-vis du Gouvernement et de l'Assemblée nationale.

Il sut, du reste, faire face à tout. Le 13 avril, il organisait dans l'église cathédrale Saint-Louis de Versailles le service funèbre des généraux Lecomte et Clément Thomas, et le 7 juin, à Notre-Dame de Paris, celui de l'archevêque de Paris et des otages. Un vote de l'Assemblée le chargeait d'estimer la valeur de l'hôtel de M. Thiers, place Saint-Georges, et en même temps les derniers travaux d'adaptation de la salle des séances s'achevaient. Aussi, le 9 décembre, une Commission parlementaire, se faisant l'interprète de tous ceux qui l'avaient vu à l'œuvre, rendait un hommage public à l'architecte de l'Assemblée nationale. « C'était une grande époque, » disait-il en souriant quand il parlait de ces événements, et, de fait, il pouvait, lui aussi, dire avec orgueil : *Quorum pars magna fui.* Le 31 décembre 1872, la croix d'officier de la Légion d'honneur venait récompenser des services qu'on pouvait à bon droit qualifier d'exceptionnels.

Mais, Messieurs, la liste n'était pas close de ceux qu'il devait rendre à son pays. Les événements marchaient; la Constitution de 1875 venait d'être votée, et l'article 9 de la loi relative à l'organisation des pouvoirs publics avait décidé que le siège du pouvoir exécutif et des deux Chambres serait à Versailles. Or, pour ces deux Chambres, il n'existait qu'une seule salle : l'ancien opéra du château qu'occupait l'Assemblée nationale depuis 1871. Il n'était cependant pas admissible qu'une question d'installation pût entraver ou retarder le complet fonctionnement des nouveaux organes du pays. Bien des projets virent le jour; plusieurs solutions furent proposées; les plus importantes sont relatées et développées dans un remarquable rapport de M. Krantz, sur lequel fut votée, le 26 mai 1875, la loi autorisant l'exécution des travaux proposés par de Joly, son projet donnant une satisfaction aussi complète que possible aux besoins nouveaux qu'entraînait l'existence simultanée de deux Chambres délibérantes et de leurs services et dépendances annexes. En même temps notre confrère, qui avait tout prévu, tout étudié, ne demandait qu'un délai de six mois pour achever les travaux considérables dont il proposait l'exécution. Cette question de temps avait une importance capitale, je n'ai pas besoin de vous en donner la raison, et le rapport de M. Krantz trahit la préoccupation qu'elle soulevait dans la Commission de l'Assemblée, préoccupation d'autant plus naturelle que le Conseil général des bâtiments civils avait déclaré le délai trop court de trois ou quatre mois.

Mais, dit le rapporteur, *vous savez tous, Messieurs, quelle légitime confiance M. de Joly a su conquerir parmi nous. Il n'est pas homme à s'exposer légèrement à une aussi grave responsabilité; on peut tenir pour valables les engagements qu'il prend. C'est ce qu'a pensé la Commission; mais, en même temps qu'elle accepte ces engagements, elle comprend le devoir étroit qui en résulte pour nous. Nous ne pouvons vraiment permettre qu'un galant homme coure de pareils risques, si, en même temps, nous ne sommes parfaitement résolus à lui venir en aide dans sa tentative un peu audacieuse. Il faut donc que notre architecte ait les coudées franches, puisse choisir ses collaborateurs et, dans les limites convenables, arrêter les prix d'exécution. Il faut, en un mot, qu'il soit affranchi de la nécessité des adjudications.*

Me permettrez-vous, Messieurs, d'applaudir à ces sages et libérales paroles, et de regretter que, restées isolées, elles n'aient trouvé depuis lors que de bien rares applications?

Quoi qu'il en soit, de Joly se mit à l'œuvre; avec quel entrain, avec quelle furie bien française! plusieurs d'entre vous en ont gardé le souvenir, et le 3 décembre 1875, M. Krantz pouvait lui écrire : « Mon cher monsieur, j'irai volontiers, au premier moment, examiner vos beaux travaux; mais je n'ai rien à constater. Il est aujourd'hui de notoriété publique que vous avez rempli vos difficiles engagements.... » La promesse faite par notre confrère avait été tenue; le tour de force, si j'ose dire, avait été accompli.

C'est dans l'aile sud du palais de Versailles que de Joly installa la nouvelle salle et ses dépendances. Une longue cour, dite cour Verte, de 103 mètres de long sur 25 mètres de large, se prêtait bien à ses combinaisons, et il lui fut possible, tout en respectant le Versailles de Louis XIV et celui de Louis-Philippe, de construire sur ce vaste emplacement la salle des séances ainsi que des escaliers et des galeries pour l'entourer et la desservir. Les bâtiments en façade sur la rue de la Bibliothèque et sur la cour des Princes furent disposés pour les bureaux et les commissions, et ceux du pavillon de Monsieur pour les appartements du Président; enfin, deux cours spacieuses purent encore être réservées pour éclairer les parties intérieures des bâtiments. Tout cet ensemble est distribué avec l'habileté qui distinguait notre confrère, jointe à la grande expérience qu'il avait de ces installations parlementaires. Quant à la salle elle-même, je veux substituer à mon opinion, pour laquelle je ne me sens pas une indépendance suffisante, celle qu'un critique dont le nom est connu de tous, M. Georges Berger, exprimait, peu de temps après son achèvement, dans le *Journal des Débats* du 7 décembre 1875 :

« .... L'aspect général de la salle n'éblouit pas l'œil par l'éclat d'une décoration primesautière et pétillante, que nos inventeurs modernes se plaisent à risquer trop souvent ; il séduit par l'agencement heureux et savant de motifs ornementaux empruntés au pur style Louis XIV. C'est en face de cette œuvre de goût et de bon sens qu'il nous est agréable de nommer M. de Joly. L'architecte de l'Assemblée nationale appartient à cette catégorie d'hommes de devoir ainsi que de talent qui, soumis aux exigences de charges honorables, mais parfois longtemps ingrates, savent attendre d'elles seules l'occasion de montrer que l'artiste existe à côté du fonctionnaire. Sa patience sera récompensée ; il verra l'œuvre qu'il achève accueillie par les mêmes éloges qui accueillirent autrefois les travaux de son père pour la construction de la salle du Corps législatif, à Paris. »

Mais, Messieurs, le sort des salles d'assemblées délibérantes est lié à celui des événements que traverse le pays. Les pouvoirs publics rentrèrent à Paris, et la salle de 1875 fut presque abandonnée ; je dis presque, car vous n'ignorez pas qu'au moyen d'une ingénieuse combinaison, l'enlèvement d'une simple cloison, la salle affectée plus spécialement à la Chambre des députés peut contenir un supplément de 300 places et recevoir le Sénat lorsque la Constitution prévoit la réunion du Congrès. Elle servit pour la première fois le 30 janvier 1879, lors de l'élection de M. Grévy à la présidence de la République et, depuis lors, quand il fut nécessaire de réunir le Congrès ; elle est donc encore utilisée.

De retour à Paris, de Joly se trouva en présence de nouvelles difficultés ; sans être aussi nombreuse que celle de 1848, la Chambre des députés de la troisième République comptait cependant beaucoup plus de membres que les Chambres de Louis-Philippe et de l'Empire, et notre confrère dut se préoccuper de rendre possible pour les 557 députés qui rentraient à Paris le séjour de la salle des séances jadis construite pour une Assemblée de 400 membres. Aussi, depuis cette époque jusqu'à sa mort, ses pensées et ses études furent constamment tournées vers l'amélioration du Palais-Bourbon ; il recommençait à parcourir le cycle où s'était jadis déroulée la carrière de son père.

Mais l'insuffisance de la salle des séances ne provient pas seulement de son manque de surface ; à ce vice originel, auquel toute l'habileté de l'architecte n'a pu remédier, s'ajoute le défaut d'un mode de ventilation établi à une époque où de semblables questions étaient à peine entrées dans le domaine de la science. Dès l'Empire, le système employé avait donné lieu à des plaintes qui n'étaient que trop justifiées, et en 1870 des travaux considérables furent exécutés conformément aux idées préconisées par le Général Morin, sans lequel rien ne pouvait se faire en ces matières. Mais la substitution heureuse de la ventilation mécanique à la ventilation purement physique et naturelle ne donna pas des résultats absolument satisfaisants ; on commença à considérer le problème comme insoluble. Néanmoins, en 1881, Gambetta, qui était alors président de la Chambre, voulut pousser aussi loin que possible l'étude de la question et donna mission à notre confrère d'aller étudier sur place les principaux Parlements d'Europe. De Joly, qui depuis longtemps déjà avait étudié les conditions d'installation de la Chambre des communes à Londres, du Parlement italien au Monte-Citorio et des Cortès à Madrid, concentra ses nouvelles études sur l'Autriche et sur l'Allemagne.

J'aurais aimé analyser pour vous le remarquable rapport dans lequel notre confrère recueillit et condensa le résultat de sa mission ; c'est, pour bien dire, un lumineux exposé de ce qui a été fait jusqu'ici, et des conditions que, dans l'état actuel de la science, doit remplir l'installation d'une salle d'assemblée délibérante au point de vue du chauffage, de la ventilation, de l'acoustique et de la forme même de la salle. Mais cet examen scientifique m'entraînerait trop loin, et j'ai peut-être abusé déjà de votre bienveillante attention.

A partir de cette époque, il fut admis qu'on ne pouvait arriver à une solution convenable en utilisant la salle actuelle, et, le 2 mars 1882, le Bureau de la Chambre des députés adoptait une résolution aux termes de laquelle, « reconnaissant qu'il paraît impossible d'améliorer d'une manière suffisante la salle actuelle, laquelle est d'ailleurs trop étroite pour le nombre de membres composant la Chambre, il invite M. de Joly à étudier les moyens d'inscrire dans l'espace occupé par le Palais-Bourbon une salle nouvelle ».

Encore une fois notre confrère se mit à l'œuvre, et, dans un projet sagement et mûrement étudié, il donna une forme et une application aux idées que lui avaient suggérées sa longue expérience et le voyage récent dont nous avons parlé. Leur réalisation eût été un magnifique couronnement à cette carrière si bien remplie; malheureusement, il y a loin entre la coupe et les lèvres, entre le projet et l'exécution. Les hommes politiques qui avaient pris l'entreprise sous leur patronage disparurent, les difficultés budgétaires se produisirent, et l'indécision des Chambres et des Bureaux qui se succédèrent pendant les législatures suivantes fit ajourner cet important travail. L'ajournement est souvent long dans notre cher pays, et il est à craindre que pendant longtemps encore les représentants du suffrage universel soient installés dans une salle certainement insuffisante. Quoi qu'il en soit, et à quelque époque que soit modifié l'état actuel, les importants documents et les projets qu'a laissés notre confrère resteront son œuvre personnelle, son œuvre propre, et l'architecte appelé à donner un couronnement aux travaux de Jules et d'Edmond de Joly y puisera sûrement de précieuses indications.

Les grands travaux de l'architecte de la Chambre des députés de France avaient fait connaître son nom au dehors;

ses collègues des Parlements étrangers connaissaient sa compétence et recouraient à ses avis et, à la fin de 1890, il fut appelé à participer au jugement du concours ouvert à Bucharest pour la construction du palais du Sénat et de la Chambre des députés de la Roumanie ; il fut l'âme du jury international.

Mais les études qui lui étaient chères, les projets qu'il dressait avec joie, n'absorbaient pas complètement son temps ; son activité ne s'en fût pas contentée, et depuis le retour des Chambres à Paris, de Joly avait repris l'exercice normal de sa profession ; l'hôtel de la Société des zincs de la Vieille Montagne qu'il édifia rue Richer fut la plus importante des constructions de ses dernières années.

Messieurs, je vous ai surtout parlé jusqu'ici de l'architecte de la Chambre des députés ; je vous ai montré l'œuvre considérable de celui dont toute la carrière s'est passée dans les milieux parlementaires qu'il avait connus dès son plus jeune âge, et auquel je serais tenté d'appliquer le vers du poète s'il n'était quelque peu irrévérencieux de parler de sérail lorsqu'il s'agit des détours du Palais-Bourbon ; mais, à côté de ses fonctions administratives, en dehors de ses travaux particuliers, l'existence professionnelle de notre confrère fut encore occupée par les expertises judiciaires et par le temps qu'il aimait à consacrer à notre Société. Tous vous savez la confiance qu'avait en lui le Tribunal de la Seine, et tous vous connaissez la situation qu'il avait su conquérir au Palais par son esprit si juste, son expérience des affaires litigieuses, sa connaissance profonde de toutes les ressources de la construction, et par cette grande honorabilité qui est le premier mérite de ceux qui ont l'honneur d'être les auxiliaires de la justice.

Depuis 1854, de Joly était des nôtres ; car, dès que l'âge le lui permit, il voulut faire partie de cette Société centrale dont son père avait été l'un des fondateurs. Quelle place il y tint ! Vous en avez gardé le souvenir, et ne vous semble-t-il pas, comme à moi, entendre encore cette parole claire, facile et cependant élégante avec laquelle il savait toujours résumer une discussion, faire entendre la voix de la raison et du bon sens, et écarter les questions irritantes qui se glissent quelquefois dans les débats qui semblent le moins en comporter? Ne vous semble-t-il pas voir près de nous, comme l'an dernier à pareille époque dans cet hémicycle, cette figure ouverte et sympathique, cette main loyalement tendue dont l'étreinte réconfortait ? Toujours prêt à rendre service, toujours disposé à aider de ses conseils ceux qui faisaient appel à son expérience, il n'avait parmi nous que des amis, et son influence était grande. Je ne veux pas vous énumérer les Commissions dont il fit partie ; ce serait citer toutes les plus importantes ; laissez-moi seulement vous rappeler que huit fois il fut élu vice-président, et quatre fois membre du tribunal d'honneur de la Société centrale, le Censorat. Il fut également membre du Comité de la Caisse de défense mutuelle et l'un des fondateurs de cette Association. Enfin, lorsqu'en 1891 M. Yves Guyot, ministre des travaux publics, résolut d'appeler au sein du Conseil général des Bâtiments civils des architectes étrangers à cet important service, son choix se porta sur de Joly ; notre confrère fut très sensible à cet honneur qui lui fit oublier certains froissements déjà anciens.

Les questions touchant la protection de nos œuvres l'intéressaient vivement, et l'an dernier il fut chargé de représenter la France au Congrès international de la Propriété artistique et littéraire qui s'ouvrit à Milan le 17 septembre. Il ne put pas s'y rendre, mais il adressa au président du Congrès une lettre que vous connaissez déjà par l'intéressant travail que vous a lu lundi dernier M. Charles Lucas, mais que je ne puis pas ne pas vous relire :

Monsieur le président,

M. le président de la Société centrale des architectes français m'a fait l'honneur de me désigner comme un des représentants de la Société centrale au Congrès international de la propriété littéraire et artistique qui va s'ouvrir à Milan le samedi 17 septembre.

Je suis malheureusement empêché par d'impérieuses affaires de remplir la mission qui m'est ainsi confiée.

Je vous prie d'agréer, Monsieur le président, et de vouloir bien faire agréer aux membres du Congrès, mes regrets et mes excuses.

Après avoir rempli ce devoir, permettez-moi, Monsieur le président, d'exposer sommairement les idées ou plutôt l'idée que j'aurais cherché à faire prévaloir si j'avais pu assister aux réunions du Congrès.

Notre devoir, à nous, architectes, est de réclamer que, dans ses décisions, l'architecture vienne prendre sa place à côté de la peinture et de la sculpture, l'architecte à côté du peintre et du sculpteur.

Ce désir est si naturel et si logique, qu'il semble au premier abord qu'il n'y ait qu'à le formuler; mais il n'en est pas ainsi.

Sans doute, nul ne songe à nier que l'architecte ne soit un artiste, et l'architecture un art; mais n'avons-nous pas vu, soit sciemment, soit par oubli, ces deux mots oubliés dans des conventions intervenues jusqu'à ce jour?

A quoi attribuer cette disposition injuste des esprits?

A l'ignorance de ce qu'est l'architecte, qu'un trop grand nombre confond avec l'entrepreneur ou le faiseur d'affaires; mais cette confusion n'est point à craindre avec des hommes aussi éclairés que ceux qui vont se trouver réunis au Congrès de Milan

On nous objecte aussi que l'architecture est un art d'imitation. « Vous ajustez, dit-on, des éléments créés par ceux qui vous ont précédés. Dès lors, vous ne pouvez pas faire valoir de droits de propriété. »

Comment refuser à l'architecte le rôle de créateur, après ces monuments si divers de forme, de style, que son génie a laissés à travers les âges sous toutes les latitudes? Mais nous sommes loin, du reste, de nier tout ce que nous devons à ceux qui nous ont précédés, comme aussi de discuter le droit qu'on a d'imiter nos œuvres. Bien plus, l'architecte dont l'œuvre a une influence réelle sur l'art à son époque en est heureux et fier, et quand nos illustres maîtres François Duban, Duc, Charles Garnier, Daumet et tant d'autres ont vu les monuments créés par leur mâle talent agir sur les destinées de l'ar-

chitecture dans leur pays et même au delà des frontières de la France, ils en ont été glorieux à juste raison.

Cette influence des maîtres et des chefs-d'œuvre n'existe-t-elle pas dans la littérature, dans la peinture? A-t-on jamais accusé Racine d'avoir pillé Corneille pour avoir mis un songe dans Athalie *après celui de Pauline dans* Polyeucte? *Et la qualification de peintre « d'une école » veut-elle dire que l'artiste est un plagiaire du maître?*

Imiter n'est pas copier; s'inspirer n'est pas commettre un plagiat.

Il y a une dernière objection : que ferez-vous du droit qui vous sera accordé? Nous en ferons ce que le sentiment de notre dignité et aussi de nos intérêts nous dictera; nous en userons rarement peut-être, mais le jour où l'on viendra audacieusement nous dérober notre bien le plus précieux, l'œuvre que nous avons créée, nous aurons dans les conventions intervenues un texte armé duquel nous nous présenterons et demanderons justice.

Voilà, Monsieur, les pensées que j'aurais voulu développer devant le Congrès.

Je termine en vous répétant mes regrets de ne pouvoir aller siéger au Congrès de Milan, à côté des hommes si distingués qui vont s'y rendre; c'eût été pour moi un grand honneur.

Veuillez, je vous prie, Monsieur le président, agréer l'assurance des sentiments très distingués avec lesquels je suis votre très dévoué serviteur.

Edmond de Joly,

Architecte de la Chambre des députés, censeur de la Société centrale des architectes français.

Messieurs, cette lettre, remarquable par la justesse et la précision des idées qu'elle contient, est pour nous précieuse à un double titre : non seulement elle résume ce que nous devons penser d'une question fort importante pour notre art, mais encore elle est comme le testament d'un architecte dont l'existence a été consacrée tout entière à notre belle profession. La plume qui la traçait le 15 septembre est tombée dix jours après des mains de celui dont j'ai essayé de vous retracer la vie toute d'honneur et de talent. Enlevé en quelques jours par un mal dont le début ne faisait pas soupçonner la gravité, il est tombé comme il avait vécu, en travaillant et en rendant service.

Lucien ÉTIENNE.

FIN

Imprimerie D. Dumoulin et Cie, à Paris.

www.ingramcontent.com/pod-product-compliance
Ingram Content Group UK Ltd.
Pitfield, Milton Keynes, MK11 3LW, UK
UKHW032023260826
14628UKWH00006B/2689

9 782329 520247